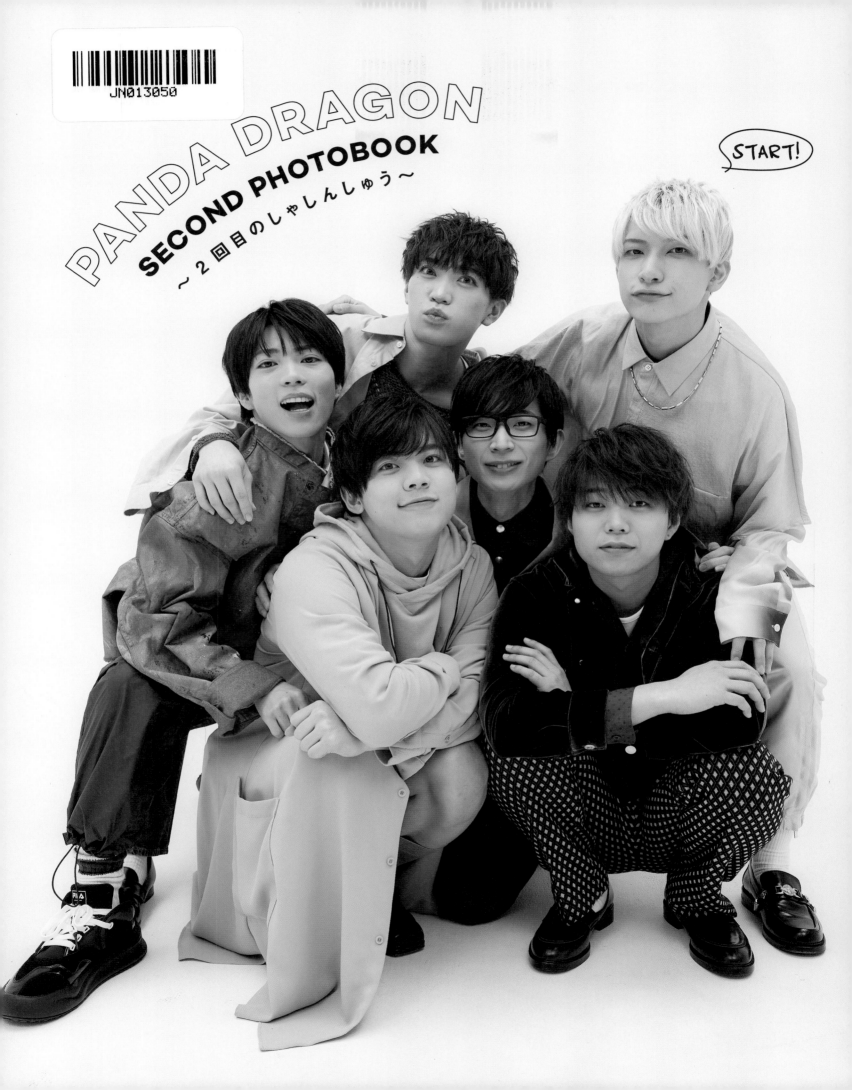

PANDA DRAGON

SECOND PHOTOBOOK

～2回目のしゃしんしゅう～

START!

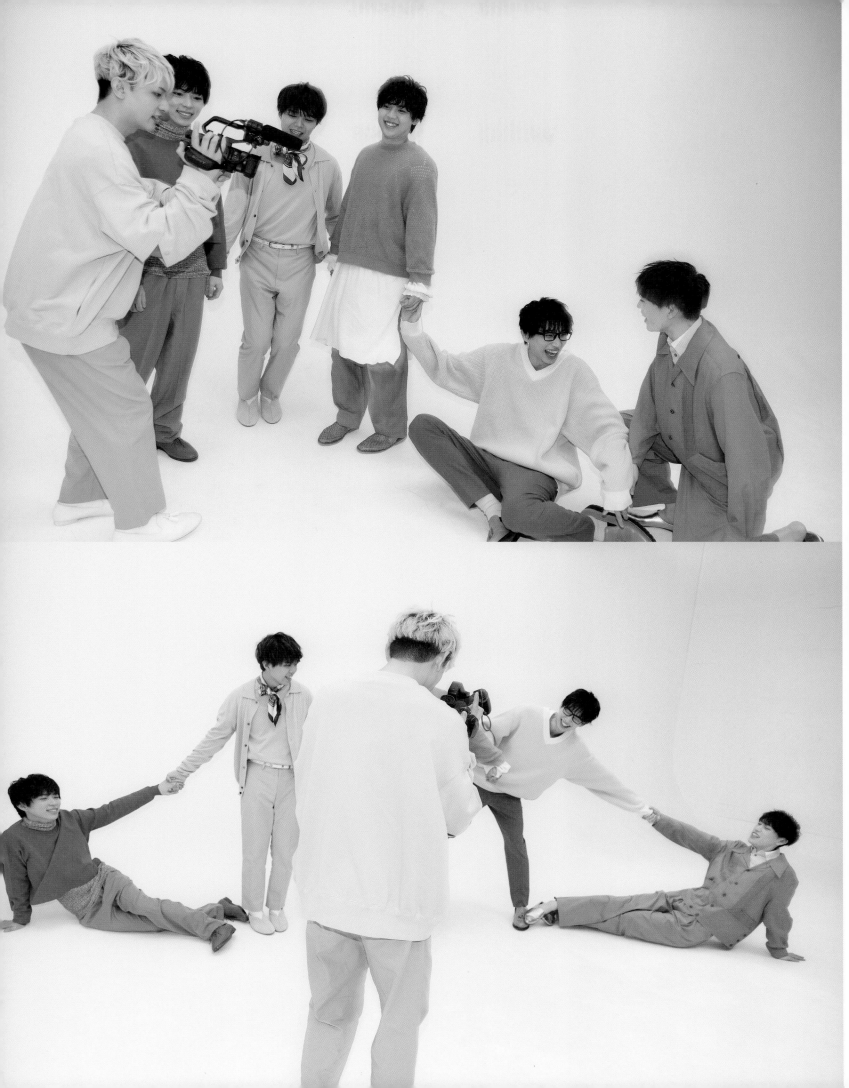

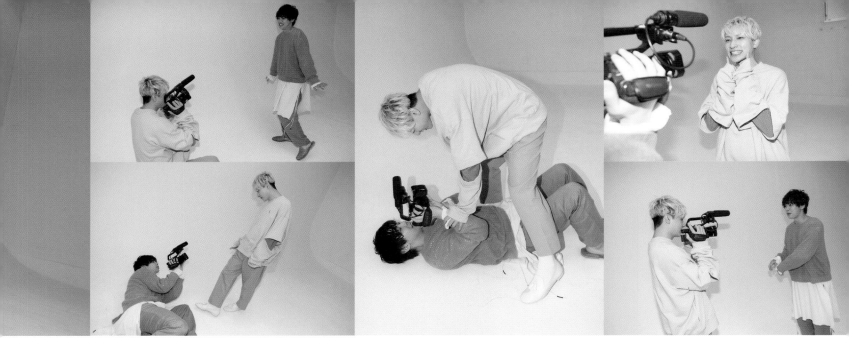

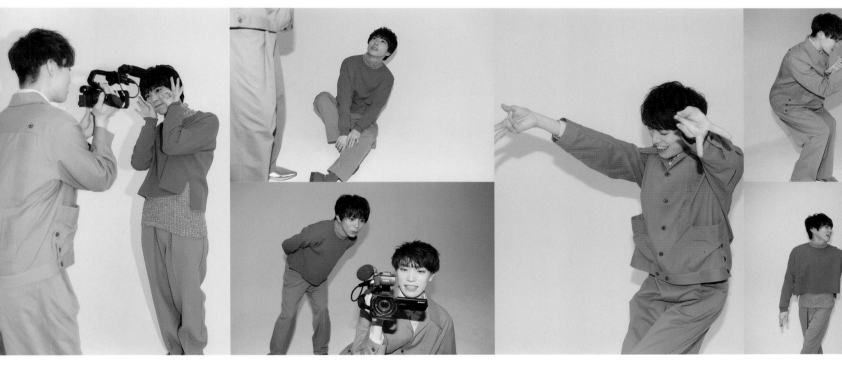

#パラゴン

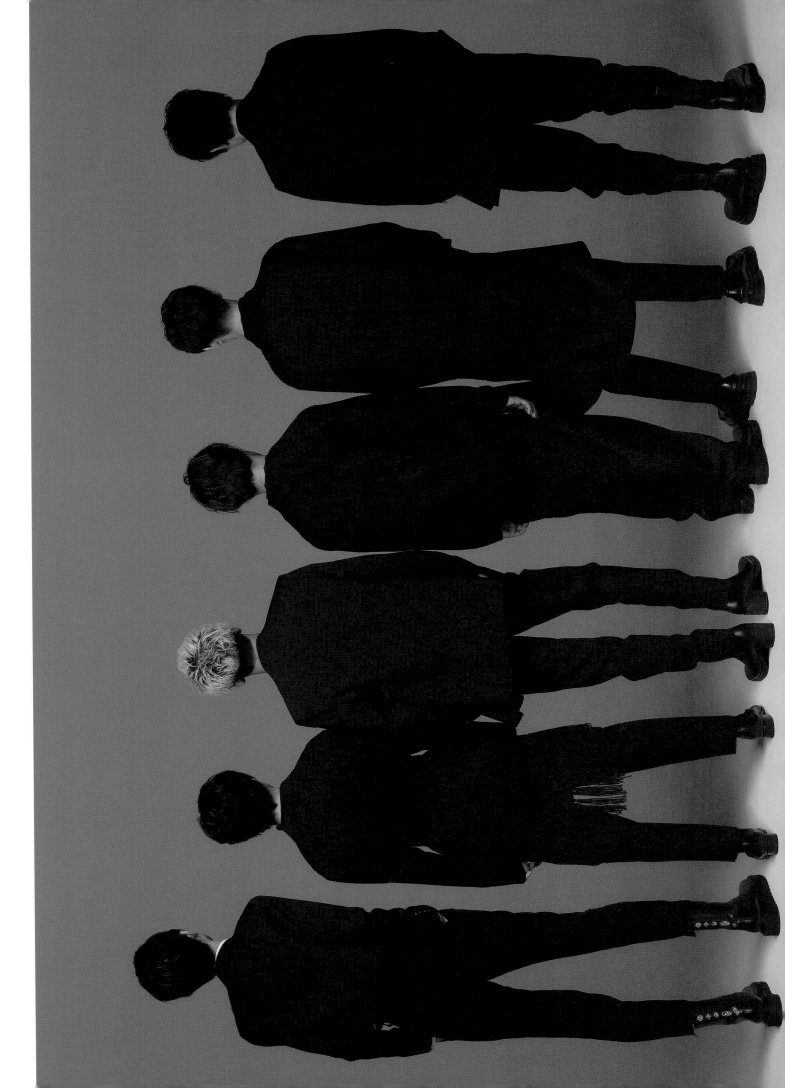

ヴィーナス・ゼウスのみなさん！
最後まで見てくれてありがとう♡
思い出がギュっとつまった2冊目の
写真集。みなさんどうでしたか？
これからもずーっとよろしくね!!
GAOZZO
TAKGA
ジパ
だいが

パンダドラゴン2冊めの写真集!!
普段のパラゴンもキメキメなパラゴンも
まるっと愛してほしいな!!!
みんなはどのパラゴンが好き??
全部？それなー!! いっぱい見てね♡

見てくれて ありがとう ☺ ♡
かわいかった？ かっこよかった？
また写真集だせて幸せだよー!
みんなのおかげ！
いっぱい見て 幸せになってね♡だいスキー
なる

写真集最後まで見てくれて
ありがとう‼ タイの思い出と
自分では選ばないような
服に挑戦できて嬉しい!!
前よりかっこよくなれたかな？
これからも成長
見守ってね♡ N8

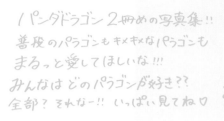
2nd写真集

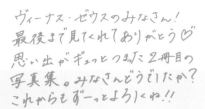

2nd写真集ごらんいただきありがとうございます。
どうでしたか?? よかったよかった!!
写真集こうやって出せて嬉しかったし、喜んでいただけて
とってもうれしかったです。
たくさんのパラゴンからの幸せをお届けだね！
らぶ。ハオ。
パンダドラゴン あづ

見てくれてありがとうございました♡
夢の中野サンプラザ(東京)、初めてのタイ遠征
カラフルなパラゴン、かわいいパラゴン、かっこいいパラゴン
色々な僕たちはいかがでしたか？
たのしんでもらえてたらハッピーです♡♡♡♡♡♡
いっぱい見てくださいねー♡
ぱっちん

PANDA DRAGON SECOND PHOTOBOOK ～2回目のしゃしんしゅう～

著者：パンダドラゴン
編集人：金丸俊樹
発行人：倉次辰男
発行所：株式会社 主婦と生活社
〒104-8357 東京都中央区京橋3-5-7
TEL.03-3563-5132（編集部）
TEL.03-3563-5121（販売部）
TEL.03-3563-5125（生産部）
https://www.shufu.co.jp/

製版所：東京カラーフォト・プロセス株式会社
印刷所：大日本印刷株式会社
製本所：大日本印刷株式会社
ISBN978-4-391-15986-8

十分に気をつけながら造本しておりますが、万一、乱丁・落丁がありま
した場合は、お買い上げになった書店か小社生産部(☎03-3563-
5125)へお申し出ください。お取り替えさせていただきます。

Ⓡ本書を無断で複写複製(電子化を含む)することは、著作権法上の
例外を除き、禁じられています。本書をコピーされる場合は、事前に
日本複製権センター(JRRC)の許諾を受けてください。また、本書を
代行業者等の第三者に依頼してスキャンやデジタル化することは、
たとえ個人や家庭内の使用であっても一切認められておりません。
JRRC(HP：https://jrrc.or.jp／ Ｅメール：jrrc_info@jrrc.or.jp
TEL.03-6809-1281)

アーティスト・プロデュース：株式会社DD

写真：飯岡拓也

スタイリング：ホカリキュウ
ヘアメイク：佐々木渚香・西 美幸

アートディレクション＆デザイン：オオイハルミ(ma-h gra)
プロモーション：佐藤亜里奈(主婦と生活社)

企画協力：笹沼彩子(主婦と生活社)

企画・編集：井原康太郎(主婦と生活社)